# ただそれだけで、恋しくて。

カフカ

Just being alone I miss you

Prologue

# はじめに

人の数だけ恋があり、
恋の数だけその形がある。
成就する恋もあれば、片想いで終わる恋もある。
諦めなければいけない恋や、
今も忘れられずにそっと自分の胸の中の引き出しに仕舞う恋もある。
誰かを想うことは時にどうしようもない切なさを伴う。

すべての恋がうまくいくとは限らない。
それでも人を好きになることは尊いと思う。
なによりそこに一番自分らしさがあるから。
本当の気持ちであればあるほど自分の心に嘘はつけない。
恋をすることは本当の自分と向き合うことかもしれない。
そして自分らしさとはなにかを気付かせてくれる大切なものだと思う。
この本の言葉たちが少しでも自分の気持ちと向き合い、
人を想うことに自信と誇りを持てるきっかけになれば幸いです。

# Contents

*

1章

# 好きなのに一歩踏み出せなくて

Heart

Just being alone, I miss you

Heart 1

言葉にすれば今の関係が壊れそうで
いつも思いとどまる。
その一言がいつも遠く、けれどもっと繋がりたくて
想い溢れてしまう。
その顔や声、仕草に。

## Heart 2

誰の声を聞きたいか
誰に一番会いたいか
誰を必要とするのか
誰に必要とされたいか
誰を失いたくないか
誰と一緒にいたいか。
考えなくてもすぐに頭に思い浮かぶ人が
今、一番大切な人。

## Heart 3

自分の好きな相手が自分のことを好きであるとは限らない。
自分の気持ちだけではどうしようもないこともある。
けれど簡単な気持ちじゃないから
本気だから消えなくて、消せない。

## Heart 4

「幸せだな」と感じる時はなにも特別なことじゃなく、
もっとありふれて、すぐ近くにあるもの。
忙しく、心なくして見失ってしまう時がある。
あたりまえのようで、あたりまえじゃないその幸せに
ちゃんと気付いてあげたい。

Heart 5

最初は単純に「なんとなく好き」だったのが
いつの間にか大きな存在になって、かけがえない人になる。
想いは日々積み重なって、
ふとした瞬間に「離したくない」と思えた時、
恋は愛しさになる。

Heart 6

とても自然に会いたくなった時に
なんの理由もなく「会いたかったから」と言って会えたらいい。
会いたい理由は「会いたかったから」しかない。

## Heart 7

# 「この人じゃないとダメだ」と思う人に
# 「あなたじゃないと」と思われたい。
# 自分の必要な人に同じように必要とされたい。

## Heart 8

好きな人が出来るとその愛しさの反面、
また同じように傷つくことが怖くて距離をとる。
本当は誰より深く繋がりたくて触れていたい。
相手の言葉を疑いなく100% 信じ切れたなら、
どれだけいいだろう。

## Heart 9

遠い約束は出来ないけれど、
同じ季節を共にした時、また来年も同じように
一緒にいたいと思えたなら大切な人。
同じ季節を、繰り返し同じ人と
いつまでも変わらず過ごせたならいい。

## Heart 10

心に触れたから、心に触れてしまったから
触れる前の自分には戻れない。
この気持ちを「なかったこと」にすることは難しい。

誰かを想うだけで優しくなれたり、
時にたまらなく切なくなる。
そのどちらも嘘はなく、真っさらで、純粋なもの。
そんな気持ちをくれる人がいる。
それだけで素敵な出逢い。

Heart 12

つまらないことで笑い合いたい。
特につらかった日は。
特に疲れた日は。
嫌なことがあった日も冗談で笑い飛ばせる二人がいい。
笑っている内につらいことも忘れてしまえるような、
そんな二人がいい。

## Heart 13

「どこが好き？」と聞かれた時に
なんのためらいもなく笑って「全部」と言える恋がいい。

## Heart 14

誰かを好きになる形も恋する形も人それぞれ違うのだから
なにかと比べたり当てはめたりしなくていい。
もっとシンプルに、単純に自分の好きな人を好きでいい。
自分の「好き」に迷わなくていい。

## Heart 15

言葉にできない想いだから苦しい。
言葉にできない気持ちだから切ない。
言葉にできないから愛しい。

## Heart 16

自分に自信が欲しい。
自分が選んだ人、選んだこと、
そのどれも後悔などしたくない。
これから先に出逢う人、
そして自分をもっと信じることが出来たらいい。

沢山の出逢いの中で、
自分にとって本当に特別な人はそれほど多くはない。
ずっと後になって「あの出逢いは特別だった」と
思い返し後悔することもある。
だから今、大切と感じる人がいるなら
より大事に出来たらいい。
その特別さをあたりまえと思う前に。

## Heart 18

「自分にはなにもない」なんて思わなくていい。
周りを見れば、自分が持っていないものばかり
他人が持っているような気がする。
本当は違う。
自分でも気がつかないほど沢山素敵なものを持っている。
ただそれに気がつかないだけ。
本当に足りないのは少しの自信だけ。
「大丈夫」と自分に言えたらいい。

## Heart 19

心満たされないと自分のことばかり考えてしまうから、
自分より相手のことを考える余裕が欲しい。
「自分ばかり」と卑屈になるより
一歩引いて相手の気持ちも汲み取りたい。
大事に想うなら相手を思いやることで心満たしたい。

## Heart 20

自分の気持ちに嘘はつけなくて
心はずっと正直で、
誰が必要な人か考えなくても分かっている。
けれど自分の気持ちだけじゃダメで
伝えて迷惑になるくらいならと思いとどまる。
だから苦しい。だからつらい。
誰でもいいのならこれほど苦しむこともなく
誰でも良くないから一歩先が踏み出せない。

## Heart 21

友達のままなら、ずっと今までの関係だけれど
友達以上になれば、もう元には戻れない。
「好き」の言葉が遠い。
誰より大切な人だから。

## Heart 22

ずっと会いたい気持ちが続けばいいのに。
「またね」と手を振ればすぐまた会いたくなる。
たとえ次の約束がなくとも、
同じ「会いたい」があればまた会える。
約束より大事な「会いたい」がずっと続けばいい。

## Heart 23

聞かなくてもいいことを相手に聞いて落ち込んだり、
見なくていいものを見に行って勝手に嫉妬するのはやめたい。
本当に大事なものはなに？
本当に大切な人は誰？
余計な気持ちで大事なものを見失いたくない。

遠くから見ているだけで良かったのに
もっと近付きたくて、触れたくて、声が聞きたくて。
想いが募るほど自分を知って欲しくて
自分の全て、その人に奪われる。

Heart 25

たとえこの想いが届かなくても
この願いが叶わなくても、想い続けるとそう思ったから
ダメになっても後悔などしない。
出逢った時から決めたから
好きになった時から決めたから。

### Heart 26

大切な人の「嬉しい」のそばにいて、「悲しい」に寄り添って、
「楽しい」を共に分け合えたらいいのに。
どの感情にも近くにいて、
泣いたり、笑ったりしながら毎日を積み重ねられたらいいのに。

### Heart 27

人と人が出逢うことや、
その人を想ったり想われたり繋がったりするのは
小さな奇跡みたいなものだと思う。
それを忘れそうな時がある。
偶然のような出逢いはきっと
自分が選んだ小さな奇跡の積み重ね。

### Heart 28

好きな相手の全部を自分のものになんて出来ないから、
相手のほんの少しの一部分
自分だけのスペースがあって、
なくなっては、失っては困るものになればいいのにと思う。
毎日、思い出して手にとって「必要」って思ってくれたらいいのに。

すぐ諦めれるなら好きになどならなかった。
たとえ一方通行な想いでも自分の気持ちに変わりなく
ただ好きで、愛しい人。

隣にいてくれるならいいのにと
眠れない夜を重ねて、また新しい朝が来る。
好きなだけではダメだけど、その気持ちしかないから
想い続けるしかない。

## Heart30

頑張る理由が自分の為より、
自分が大切に思う人がいて、
その人の喜ぶ顔や嬉しそうな顔が見たいから頑張れたりする。
自分だけでは頑張れないことの方が多い。
その中で、自分を動かしてくれる人の存在は大きい。
いつか大切なその人の頑張れる理由のひとつになりたい。

## Heart31

言葉に出来ないから
「伝われ」って頭の中で百万回唱えてる。

## Heart32

本当はもっと心に触れたい。触れて欲しい。
相手のことをもっと知りたい。知って欲しい。
想いを伝えて受け止めて欲しい。
「友達のままでいい」なんて、つよがりでしかない。

## Heart33

なにより大事な人だから
誰より大切な人だから言えない言葉がある。
そっと胸に抱いて離したくない気持ちがある。
心に糸があるのなら、そっと近づいて
固くほどけないように結んでしまうのに。

## Heart34

手を伸ばせば繋げるその距離が
いつも遠くて、ただ隣で笑うことしか出来なかった。
いくつもの言葉を飲み込んで、想いを閉じ込めても
その笑顔を見れば、いつもいつも想い溢れてしまう。

## Heart 35

出逢ってしまったら、出逢う前の二人には戻れない。
好きになってしまったら、好きになる前の二人には戻れない。
選んだのは自分で、決めたのも自分。
偶然じゃなくて自分が求めたもの。
後悔するくらいなら最初から選ばない。
今もこれからも自分が決めるもの。

2章

# 好きになってしまったなら

Secret

Just being alone I miss you

Secret 1

出逢いの順番は残酷で
もっと早く出逢っていればと何度も思う場面がある。
伝えることが出来ない想いがある。
伝えてはいけない想いがある。
ただ好きになってしまった。
ただそれだけ。

Secret 2

ひとりじゃなく、ずっと二人でいたいから、
誰よりその気持ちに寄り添いたいと思う。
大切な人だから相手の喜びや悲しみを分けて欲しい。
本当に「そばにいる」と感じるのは
距離ではなくあたたかい気持ちのこと。

Secret 3

自分の気持ちに気付いてしまった時にはもう遅くて
溢れた想いがずっとそこにある。
自分の気持ちに正直であろうとすればするほど
改めて自分の気持ちが確かだと気付く。
嘘をつけるほど自分の気持ちを偽れなくて、それがつらい。

「幸せに」と言って強がっている自分がいる。
「応援する」と言って泣きそうな自分がいる。
本当は一緒に幸せになりたいのに
誰よりそばにいたいのに。

Secret 5

憧れのままでいたなら、
これほど苦しまなくていいのに
いつの間にか欲張りになって
自分のものにしようとしている。
誰かを自分のものになんて出来ないのに。

Secret 6

会いたい気持ちや声が聞きたい気持ちを我慢した分だけ
相手への愛しさに変わればいい。
誰かを好きになれば
その気持ちと同じくらい寂しさも抱える。
寂しさが深いほど相手を必要としているということ。
寂しさがないところには愛情もない。

Secret 7

迷ってもいい。
それは自分の最善を探しているから。
なにが答えで、なにが正解かなんてすぐ分からない。
だから迷う。
自分が出した答えが間違えだったとしてもまた考えればいい。
だから全然迷っていい。

好きにならなくていいから
ずっと好きでいさせて欲しい。

## Secret 9

好きな人が必ずしも自分を好きになってくれるとは限らない。
片想いで終わってしまう方が多い。
でも誰かを強く想えたことは無駄なことじゃない。
それだけ本気になれた自分を誇ろう。
その想いをなかったことになんてしなくていい。

## Secret 10

誰かを想うだけで泣けてきそうならば
それは純粋そのもので、
「失いたくない」と心から思えたなら
繰り返す毎日の中で想い続けるしかない。
繋がっていても、繋がっていなくても
自分にとって大切な人に変わりない。

## Secret 11

「出逢わなければ良かった」なんて言えない。
出逢ってしまったから。
好きになってしまったから。

Secret 12

他人に左右されることなく、
自分の好きなものには自信を持ちたい。
疑うことなく好きなものがあるって
自分にとって一番大事なものだと思う。
人に対しても、その他でも
自分の「好き」を貫ける人は強い。

愛しても愛しても同じくらい愛してくれるとは限らない。
たとえ報われなくてもただひたすら目の前の人を愛せばいい。
どんなに負けそうな時もひとりの人を真っすぐ愛し続ける。
それが自分の強さと誇りになる。

Secret 14

一度生まれた気持ちはどこに行くのか。
消せない気持ちがあって、消えてくれない想いがある。
ただ好きなだけで幸せなはずなのに
求め過ぎて叶わなくて、諦め切れない気持ちはどこに行くのか。
淡い灯りがいつまでも胸に残るから
ただただ切ない。

Secret 15

妥協じゃないからその人で
他の人じゃダメだからつらい。
笑ってなんでもないフリをするのが精一杯で
ふとした拍子で想いが溢れ出しそう。
あなたを忘れたい、忘れたくない。

Secret 16

忘れようと、好きになる前の自分に戻ろうとしても
顔を見れば「やっぱり好きだ」って思い知る。

Secret 17

人の心は物じゃないから自分の物になんてならないのに、
誰かを深く好きになれば全部自分だけの物にしたがる。
その仕草や言葉、優しさも全部欲しくなる。
嫉妬や独占したい気持ちから自由になることは難しくて、
ただ好きなだけなのに、
同じくらい苦しさと向き合わなければならない。

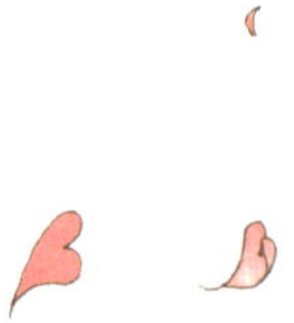

愛情という形は目に見えないものだけれど
いつもどんな時も心にその人がいて
あたたかく感じる心がある。
たとえ気付いてもらえなくとも
この想いは消せない。消したくない。

Secret 19

誰でも良かったからじゃない。
寂しいから繋がりたかったんじゃない。
心にいつもその人がいて、
いつの間にか好きになってしまった。
誰よりかけがえない大切な人。

Secret 20

優しくされると、また好きが溢れてしまうから、
中途半端な優しさはいらないのに、
僅かでも気持ちを寄せて欲しくて、
またその優しさに甘えてしまう。
素直に好きだと言えたなら、
好きと言える相手ならこれほど苦しまなくていいのに。

Secret 21

ため息の中に「好き」が溢れて
この気持ち言葉に出来なくて
ただ泣くことしか出来なかった。
膝に落ちた涙があたたかくて
自分の気持ちにやっと気付いた。

Secret 22

届かない気持ちでも、
それが自分にとってかけがえなく大事なものなら
変わらず大事にしたらいい。
優しい気持ちをくれたその人だから、
新しい自分を教えてくれたその人だから、
好きをくれたその人だから。

## Secret 23

叶わなくても
ただ好きでいたかった。
届かなくても
ずっと想っていたかった。
折れそうな心でも愛しさが勝って、
その気持ちが自分を支えていた。

3章

# 素直に
# なれなくて

Jealousy

## Jealousy 1

本気だから嫉妬する
真剣だから嫉妬する
大好きだから嫉妬する
あなただから嫉妬する。

## Jealousy 2

「この人の為に自分はなにが出来るだろう」と
そう考えた時になにも出来ないと思うより
自分が出来ることをひとつでも探したい。
その人の為に自分にしか出来ないことが
必ずあると思うから。

## Jealousy 3

感情的になった言葉は
自分の思いと裏腹に相手を傷付けることが多い。

「もう少し優しく出来たのに」

「そんな言葉使うつもりなかったのに」

と後悔しても一度言葉にすれば遅い。

余裕がない時ほど優しく出来たらと思う。

相手と、自分自身に。

Jealousy 4

一番大切な人なのに
一番好きな人なのに
本当の自分を見せられないのは悲しい。
心受けとめて欲しい人には
一番素直な自分でいたい。

Jealousy 5

その優しさがつらい時がある。
それが自分だけの優しさじゃないから。
他の人にも同じ優しさを見せる姿に
どうしようもなく嫉妬してしまう。

嫉妬してしまうことからなかなか自由になれず
ただ自分の自信のなさから
相手を信じ切ることが出来ない。
なんの曇りもなく
ただ好きになれたらどれだけいいだろう。

## Jealousy 7

好きなその人の中に自分がいないと思うと切ない。
ほんの少しでもその瞳に自分が映っていたなら
どれだけ幸せだろう。
誰より好きな人の心に自分の居場所がないと思うと
たまらなく切ない。

## Jealousy 8

あまりに好きで好きで泣いてしまうなら、
その気持ちは純粋そのもの。
愛しさの陰で失うことの恐れから
どうしようもなく切なくなる。
好き過ぎると悲しくなってしまう。

*Jealousy 9*

「寂しい」と言えばワガママになりそうで、
「寂しくない」と言えば嘘になる。
素直な感情を言える場所があればいい。
受け止めてくれる場所があればいい。
本当の自分を見せられる人がいたらいい。

### Jealousy 10

信じることが出来なかったのは
相手のことじゃなく、自分自身だった。
もっと自分を信じてあげれば良かった。

### Jealousy 11

守れない約束などただ虚しいだけだから、
小さくても確かな約束がいい。
約束を期待しなければいいのに、
それだけが信じられるものだから期待してしまう。
だから叶う約束がいい。
遠い先より今、確かな約束が欲しい。

### Jealousy 12

自分の気持ちだけ押し付けても、
相手が同じくらい好きになってくれるとは限らない。
自分の好きを相手に押し付けるのは好意ではなくエゴでしかない。
自分の「好き」は自分だけのもの。
その気持ちをただ消さないように想い続けるだけ。
それを少しだけでも相手が受け取ってくれるだけで幸せなこと。

友達の関係で良かったのに
それ以上を望んでしまった。
心苦しくて苦しくて
本当の気持ちを隠すことで精一杯だった。

## Jealousy 14

相手の幸せを素直に喜べたならいいのに
心から応援できたらいいのに
自分じゃない違う人に恋をするその人に
心から優しく出来なかった。

## Jealousy 15

努力しても報われないことがほとんどで諦めそうになるけれど
なにもしなければ手に入らないものばかりだから
続けることが大事なんだろう。
やめてしまえば楽だけれど
自分に納得出来ないからやめたくないし諦めたくない。

## Jealousy 16

嫉妬するのは「あなただから」
声が聞きたくなるのは「あなただから」
会いたくなるのは「あなただから」
愛おしいのは「あなただから」
自分の気持ちの全て「あなただから」

## Jealousy 17

優しく残る愛しさを
過去に変えることも出来ず
ただ時間だけが過ぎていく。
前にも後ろにも進めなくて、淡い想いだけが
胸の中でずっと揺れている。

Jealousy 18

声が聞きたいと望んで
顔が見たいと望んで
一瞬でも会いたいと望んでしまう。
望んでも、望んでも叶わないことの方が多いけれど、
気持ちは溢れてしまう。
本当に、好きだから。

自分で決めたことなのに
離れて見守るはずだったのに
心が触れたがって、そばにいたくて
どうしようもなかった。
「好きです」の一歩手前でなにも出来ない自分がいる。

### Jealousy 20

相手の幸せを願うはずなのに
そこに自分が含まれてないと思うと
どうしようもなく悲しい。
好きな人の幸せの一部になりたい。
ただそれだけなのに。

### Jealousy 21

どれだけ相手を想っても
届かない想いがある。
違う人に想いを寄せるその人を
ただ「応援する」としか言えない自分がいて
情けないほどなにも出来ない。
でもそれが今の自分の恋だから
見守ることで少しでも相手の心に寄り添いたい。

Jealousy 22

簡単に諦められるなら
これほど苦しくないのだろう。
すぐ違う人を好きになれたら
これほどつらくないのだろう。
簡単に好きになってないから
簡単に次に進めない。
今ここにある想いはすぐに消せなくて、
消えてくれない。

Jealousy 23

たとえ叶わない想いでも好きになったなら仕方ない。
仕方なくて、どこにも辿り着けない。
それでもその人だから。
それが恋に落ちる、ということ。

一緒に笑いたかった
一緒に泣きたかった
手を繋いで離したくなかった
誰より好きでいたかった。

4章

# 想いを伝えたい

Tell

Just being alone I miss you

*Tell 1*

今、この気持ちが本物だと本能が教えてくれる。
その声、言葉や仕草、その人を形作る全てに魅せられる。
言葉に出来ないほどの想いはただただ溢れる。

*Tell 2*

誰も知らない姿が見たくて
その弱さに触れたくて
ずっとそばにいたくて
想い溢れ、「好きです」と伝えたくて。

*Tell 3*

相手を想っているだけで良かったのに
触れたくて、話したくて、知って欲しくなる。
想いが深くなるほど自分がワガママになる。
もっと単純に好きでいられたらいいのに
自分が求める人に多くを求めてしまう。

*Tell 4*

好きな人に素直に「好き」と言えたらいい。
ただ真っすぐ自分の心そのままに「好き」と言える存在。
それが好きな人。

言葉伝えて一歩踏み出せばもう元には戻れない。
伝えることで関係が壊れることを恐れるけれど
繋がっていたくて、そばにいたくて、同じ気持ちでいたくて
その想いが自分の背中をそっと押す。

*Tell 6*

自分で決めた人だから、信じた人だから気持ちを伝えたい。
たとえダメになってもいい。
言えなかった後悔はずっと残ってしまうから
今の素直な気持ちを伝えたい。
自分の好きな人だから
自分が選んだ人だから。

*Tell 7*

伝えたいことはいつもシンプルで、
ただシンプルだから伝えられないこともある。
「嫌われたら」「拒否されたら」と思うと一歩踏み出すことをためらう。
自分を見せることは怖い。
けれど伝えなければ相手の本当の気持ちも分からない。
好きな相手には本当の自分を知って欲しい。
だから伝えたい。

*Tell 8*

自分が選んで求めた人ならそれでいい。
偶然じゃなくて自分で見つけて決めた人。
そこに後悔はない。
信じたい人を信じたい。
そこに嘘はない。
繋がった相手と自分を信じ切る強さが欲しい。

隣にいることが全てじゃないけれど
叶うなら隣にいて笑っていて欲しい。
それが日常になって、あたりまえになって
毎日が過ぎていくなら幸せ。

## Tell 10

誰かの代わりじゃなくて、ちゃんと自分を見て欲しい。
他の誰でもじゃなく、自分だけを必要として欲しい。

Tell 11

真剣に想う人ほどうまく言葉に出来なかったり、
自分の気持ちを伝えることが難しい。
それはより相手に対し慎重になってしまうからだと思う。
丁寧に接したいと思うほど不器用になる。
でもそれは良いこと。それほど大事にしたい人ということ。

Tell 12

大事なことは言葉にしなくても伝わることもあるけれど、
それでも言葉が欲しい時がある。
言葉が必要な時がある。
「あの時の言葉があったから」と頑張れる時がある。
伝えることでずっと残る言葉がある。

Tell 13

「自分がいない方が相手にとって幸せかも」

なんて少しも考えなくていい。

幸せかどうかは相手が思うこと。

少しでも幸せにしたい心があるなら
寄り添う気持ちでそばにいたらいい。

Tell 14

誰よりも特別な人だから
なによりもその人の特別な存在でいたい。

Tell 15

ため息が出るほどの愛しさも
その想いが深いほど寂しさも溢れる。
寂しさに慣れることはないけれど
その寂しさを埋めて満たしてくれる人は
その人しかいない。

Tell 16

伝えたいことほど全然言葉に出来ないけれど、
少しでも言葉にすれば
そのカケラでも相手の心に触れればちゃんと伝わる。
伝える手段は不器用でも、そこに心があればいい。

Tell 17

「どうしてこれほど悩むのだろう」
「どうして言葉に出来ないのだろう」と思うけれど
それは本気だから、真剣な気持ちだから悩む。
半端な想いじゃないから簡単に言葉に出来ない。

Tell 18

人を好きになるには覚悟が必要で、
曖昧な優しさや、中途半端な気持ちは
相手をただ傷つけるだけ。
本当に相手を想うなら、
自分の気持ちを貫く覚悟がいる。

Tell 19

落ち込んだ今日も、
泣いて動けない今日も、
その悔しさや負けたくない気持ちが
明日に繋がる。
明日は勝手に来るから、
今日は無理になにかにならなくていい。
今の自分を嫌うことをせず、
もう少しだけ好きでいよう。

伝えられない想いもあるし
伝えられない恋もある。

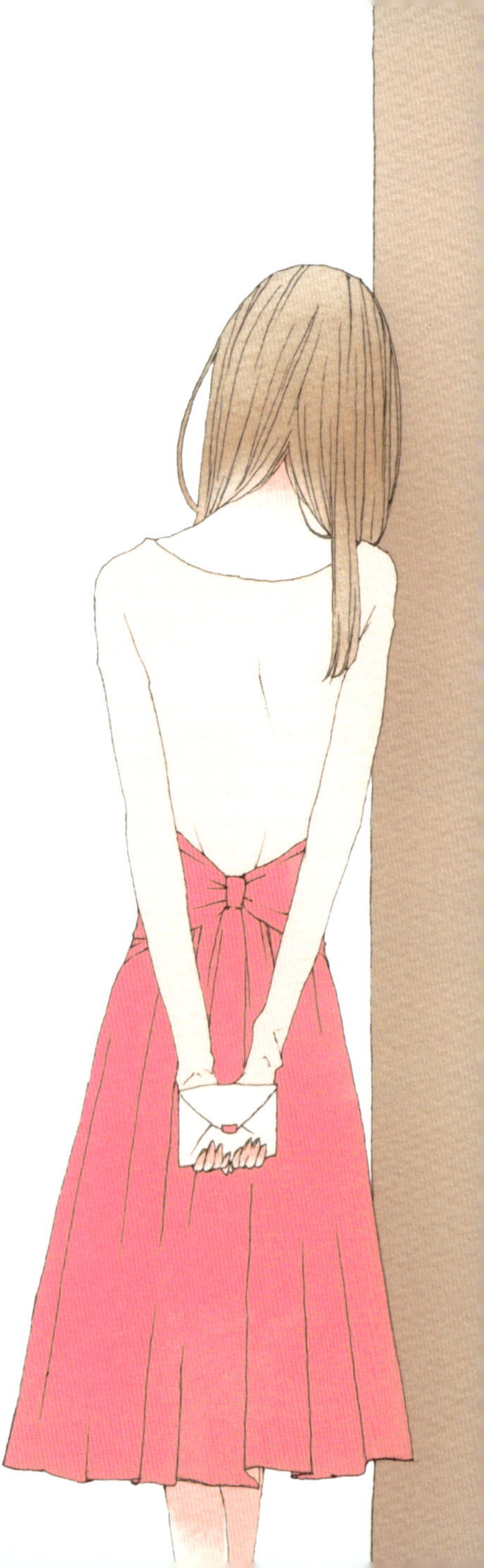

伝えてはいけない人もいるし
伝えられなかった言葉もある。
人を好きになるのはとても簡単だけれど
全部全部自分の気持ちを伝えられるとは限らない。

Tell 21

自分が求めても、相手も求めてくれるとは限らない。
自分が想っても、相手も想ってくれるとは限らない。
それでもただひたすら相手を想う。
それが形にならなくても、繋がらなくてもいい。
見返りを求めないで、ずっと自分の真ん中にいる人。
それが人を想うかたち。

Tell 22

下書きの文字を眺めても
この想い届きはしないのに
下書きの文字消せなくて
涙でぼやけた「好きです」を
ただ眺めるしかなかった。

Tell 23

「嫌われるかも」と本音を言えないより、
正直な自分を見せて、ありのままの自分を受け入れて欲しい。
付き合うとは全て覚悟で、
自分を見せて離れてしまう人なら仕方ない。
相手の全部を知りたいと思う時、
自分の全部を見せる覚悟がいる。

どれだけ想えば届くだろう
どれだけ好きになれば伝わるだろう。
「届け、届け」といくら想っても
言葉にしなければ届くはずもないのに
言葉にすれば失いそうで
言葉に出来なかった。

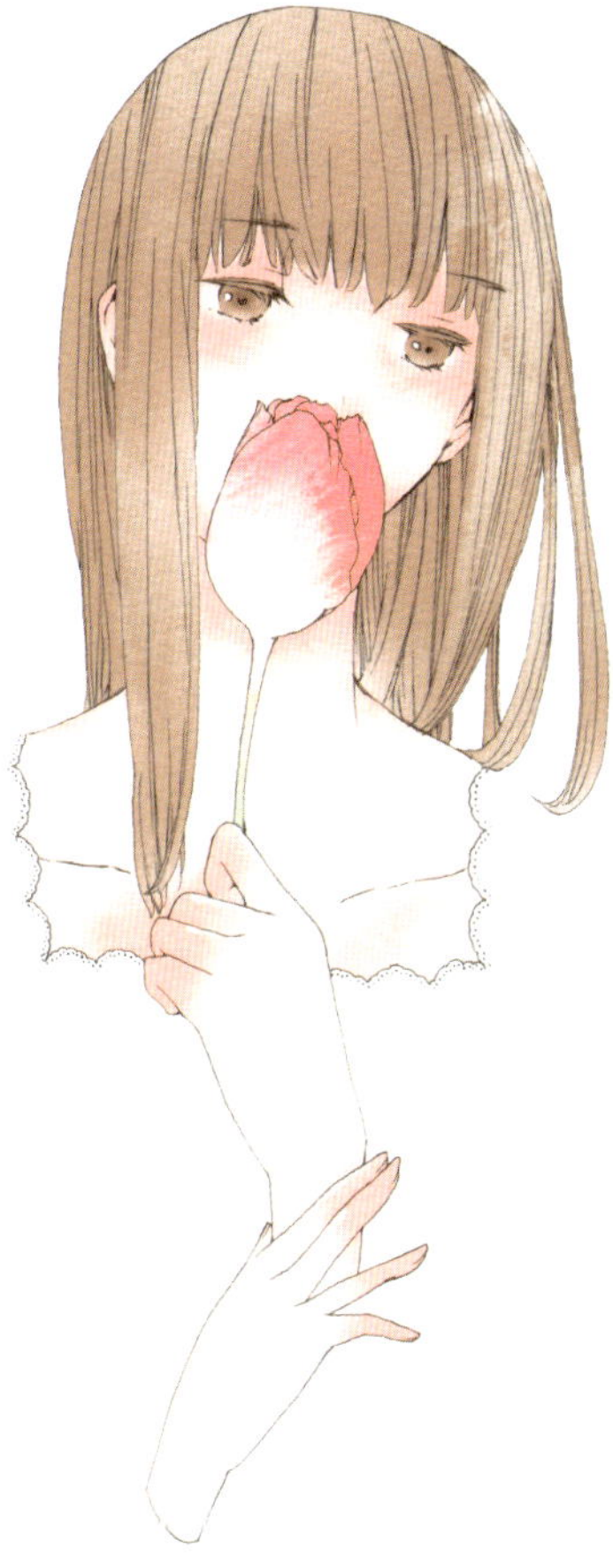

## Tell 25

「なにも出来なかった」という日でも
なにかひとつ小さなことが自分の中で出来たなら自信になる。
最低な一日でも次に繋がる通過点で、
最低を知ってるから上を向いて行ける。
良くない一日も自分の為。

Tell 26

「あの時」と振り返って
後悔することばかりだったから、
感じたことは言葉に、
思ったことは相手に伝えたい。
ちゃんと伝えないと
なにも残らないと気付いたから。

Tell 27

なにかあったわけじゃないけれど、
突然不安な気持ちになったり、
今の自分に自信が持てない時がある。
人に合わせれば楽なのに自分を突き通せば
「本当にそれでいいの？」ともうひとりの自分が思う。
「自分は自分でいい」と、
不安を乗り越えた先に誇れる自分がいたらいい。

Tell 28

伝えたくても伝えられなかったことで
いつもあとで後悔してしまうから
伝えたいと思った時にちゃんと言葉にすることが大事なんだと思う。
素直な言葉はありのままの自分だから
相手の真ん中にちゃんと届く。

Tell 29

カーテンの隙、月明かり。
「あなたが好き」と小さくつぶやく。
消えそうな光に言葉を託して。

5章

# 遠距離

Distance

Just being alone I miss you

## Distance 1

その離れた距離より、これからの不安より
相手を想う気持ちが勝って、妥協じゃなく
自分が選んだ人だから負けたくないのだろう。
その距離と、自分に。

## Distance 2

一緒にいる時間は一瞬で、一日は早く過ぎ行き
すぐ寂しさはやって来る。
また次会う日まで笑った顔を覚えていて欲しくて
無理に笑ってみせる。
寂しさを隠しながら、離れないよう祈りながら。

## Distance 3

目を閉じて声を聞けば
隣にいるようで、そばにいるようで
触れたくて手を伸ばす。
優しい声にあたたかくなって
嬉しくて泣いてしまう。

Distance 4

不安を消すものは気持ちの繋がりしかなく、
寂しさや距離に負けそうな時ほど確かなものを求める。
すぐにまた会えないから変わらず同じ気持ちでいて欲しい。
次会うその日まで頑張れるのは、その人だから。
その人しかいないから。

距離に負けそうな時は、自分に負けそうな時。
自分と相手を信じる強さがなければ
繋いだ糸も簡単に切れてしまう。
乗り越えるには想いの強さしかなく
お互い信じる強さが欲しい。
その距離と自分に負けないように。

Distance 6

遠く離れて、寂しくて
近くにいたくて、恋しくて
遊びじゃなくて、真剣で
妥協じゃなくて、その人で
ゆずれないもの、諦められないもの
忘れないもの、忘れたくないもの
全て、ひとつの想いに繋がる。

Distance 7

「泣かないで」と言われるより
「泣いていいよ」とそばにいて欲しい。

## Distance 8

本当の寂しさは
本当に好きになった時にしか分からない。
一緒にいる時間は一瞬で、
離れればまた寂しさはやって来る。
無理に「またね」と笑った顔の奥で、
どうしようもない寂しさを感じた時、
改めて自分の気持ちが分かる。

## Distance 9

不安から相手を言葉で縛る関係より
「信じてる」と言葉にしなくても
お互い信じ合える関係がいい。
言葉が必要な時もあるけれど
言葉だけじゃない強い繋がりが欲しい。

不安がないと言えば嘘になるけれど
積み重ねた日が互いを強く結んでくれる。
この人だと決めたから迷うことはない。
たとえ不安に揺れても確かな気持ちがあれば
想い合える。

## Distance 11

どんな形になっても変わらない気持ちでいて欲しい。
どんなに離れていても声を聞けばすぐ近くに感じていたい。
約束はなくとも一日一日を互いに思いやれば
明日にきっと繋がって行く。

## Distance 12

一番大事だと思う人の前では一番素直でいたい。
限られた時間の中で大切なのはお互いを思いやる時間。
つまらないことで落ち込んだり凹んだりするのはもったいない。
ただ目の前の人を見ればいい。
いつも好きな時に会いに行けないなら尚更。

## Distance 13

「大丈夫」と言ってくれたから
信じてみようと思った。
あなただから信じようと思った。

## Distance 14

離れれば手を繋ぐことも
目を合わせて話すことも出来ないけれど、
離れて気付く想いもあって
どれだけ相手を必要としているか
近くにいてあたりまえで気付かないこともある。
離れた距離が教えてくれることもある。

どれだけ「会いたい」と想っても
すぐ会えるわけじゃない。
どれだけ「好き」と想っても
すぐ伝わるわけじゃない。
そのつらさがあっても、こんな気持ちをくれるのは
ただ一人その人だから。
だから我慢出来る。だから乗り越えられる。

Distance 16

お互いの記念日に、たとえ会えなくても
次会うその日が特別な一日になる。
愛しいと想い合えたら
その日が二人の記念日になる。

Distance 17

心さえ近くに感じたなら
不安などすぐに消える。
二人を支えるものは
お互いを思いやる心だけ。

Distance 18

会えない時間を埋めるのはお互いの気持ちしかなく、
心折れそうな時でも負けない想いが欲しい。
不安なら伝えて分け合うことで楽になることもある。
そうやって毎日、心支え合わなきゃ
寂しさに潰されてしまうから。

言葉だけでは繋ぎとめられないと分かっているから
心で繋がっていたい。
離れることのない強い気持ちがあれば
不安など消え去る。
だから本当の気持ちを聞かせて欲しい。
確かな想いを分け合いたい。

Distance 20

寂しいのは、こんなに声が近いのに触れられないこと。
「会いたい」って言ったら「会いたい」と言って欲しい。
触れられないならせめて同じ気持ちでいて欲しい。

Distance 21

距離に負けることが悔しいのじゃなくて
自分に負けることが悔しい。

Distance 22

距離を理由に離れてしまうならそれまでの人。
互いに想い合う関係なら、
離れているからこそ強く想い合える二人でいたい。
別れを、離れる理由を、距離のせいにするな。

## Distance 23

あたりまえと思っていることが
本当はその人の優しさであたりまえに
思わせてくれていたと気付くことが多い。
近くにいてあたりまえ、連絡が出来てあたりまえ、
会えてあたりまえは全然あたりまえではなく特別なもの。
そのあたりまえが特別だと気付けたら
もっと大切なものを大事にしたいと思える。

6章

# 心変わり

Cry

Just being alone I miss you

Cry 1

誰より好きな人だから
誰よりその心の場所が分かる。
本当は気付いていたけれど、気付かないフリをしていただけ。
人の気持ちは変わるということを
受け止める自信がまだ持てなくて。

Cry 2

どれだけ信じてもダメな時もあって
裏切られ傷つけられて、人を信じることさえ出来なくなることがある。
それでも自分が選んだ人だから
どこかで納得出来たなら、相手を許して自分も許せそう。
「信じることしか出来なかった」ってそんな時だってある。

相手の心変わりを責めても虚しいだけ。
まして自分を責めても意味はない。
相手の心変わりを自分のせいと責めてもキリがない。
心離れてしまうことはとても寂しくて悲しいけれど
逃げずに向き合いたい。
新しい自分の為に。

相手の心の中にどれだけ自分がいるだろう。
愛情は目に見えるものだけじゃなく感じるものだから
相手の心が見えないと不安になってしまう。
だから触れていたい。
見つめて、感じていたい。

## Cry 5

ワガママなんて本当に心許した人にしか言えない。
だからそれを許して欲しい。
ワガママすら言えない関係ならば我慢し続けるしかない。
ワガママをワガママとして、それを含めて好きでいて欲しい。

## Cry 6

本音を言って嫌われることを怯えるより、
本音を言える自分でありたい。
本音を言って離れてしまうならそれまでの人。
本音だから人を傷つけてしまうかもしれない。
それでも本当のこと、本音で付き合える関係がいい。

Cry 7

「嫌いになったわけじゃない」
と優しく言ってくれるより
いっそ嫌ってくれた方が良かった。

Cry 8

優しさが足りない時は余裕がない時。
思いやりが足りない時は心がない時。
「もっと優しくなれたら」と思う時がある。
「もっと大事に出来たら」と思う時がある。
そんな後悔を繰り返したくないから
少しだけ優しさを取り戻せる余裕が欲しい。

出逢ってしまったから、出逢う前には戻れない。
たとえ互いの心離れても
出逢ったことに後悔などしたくない。
そこにあった時間やぬくもり、自分を否定したくない。

Cry 10

「もういい」と言ったつよがりを見抜いて欲しかった。
「どうでもいい」と言った嘘を分かって欲しかった。
さよならが近くにあることを認めたくなくて
ただ二人が結んだものが
切れてしまうことが怖かった。

Cry 11

どんなに離れていても心繋がっていたなら寂しくはない。
本当に寂しいと感じるのは
相手の心が自分から離れてしまったと感じる時。

Cry 12

寂しい時は素直に「寂しい」と言って、
言葉や気持ちが足りない時はそう伝えた方がいい。
「足りない」と相手を責めるより
お互いでその足りないところを補いたい。
ひとりで想うより想い合いたい。

Cry 13

「誰も悪くない」と責めたりしない
その優しさが身に沁みて、
その優しさが好きで、前にも後ろにも進めない。
自分だけがあの頃のまま、どこにも行けなくて
次に進めなくて、愛しさだけ抱えている。

一度ほどけた心は二度と戻らない。
過去がどれだけ美しくてもそこに戻れない。
思い出にするにはまだ早過ぎて
優しい記憶だけが胸に残る。
「愛しい」と口にした言葉は、
遠い夜に音もなく吸い込まれる。

## Cry 15

いくつもの「もし」を繰り返しても過去には戻れない。

「もし、こうしていたら」

「もし、こう言っておけば」

後悔すればするほど悲しみがよみがえるから
過去の自分を許せたらいい。

それで良かった、それしかなかったと思いたい。

## Cry 16

自分ですら完璧じゃないのに
相手に全てを求めてもがっかりするだけ。
長く付き合えば嫌いなところや
合わないところが出て来るのはあたりまえ。
その部分を自分が許せるかだと思う。
お互い許しあって認め合えたらいい。
大事なのは期待することじゃなく、受け入れること。

Day 17

変えられない過去に嫉妬しても意味がない。
大事なのは今しかなく、
ただ今の気持ちを積み重ねて想い続けるだけ。
過去を責めたり、嫉妬してもなにも生まれない。
一緒に歩くと決めたなら、
相手の今だけを見つめるだけでいい。

疑うより信じ合う関係がいい。
傷つけるより許し合う関係がいい。
嫉妬や不安でお互いの時間を無駄にしたくない。
なにが大事で誰が必要か自分がよく分かっている。
自分で自分を追い込むことはやめたい。
信じたい人をただ信じるだけ。

Cry 19

たとえ失われる二人でも、
愛したこと、愛されたことに後悔はしない。
変わってしまった二人の心を
誰も責めることは出来ない。
この先、違う誰かを好きになっても
〝本物〟だったことに変わりないから。

Cry 20

心変わりを見て見ぬフリして
嘘で取り繕って、なんでもないフリなんて出来ない。
本気の恋だから、本気の恋だったから。
心から笑えた二人に戻れたら、どれだけいいだろう。
無邪気な二人に戻れたら、どれだけいいだろう。

Cry 21

人の気持ちは変わってしまうことを知っているから
今ある相手の気持ちと自分の気持ちが変わらないように
ぎゅっと抱き締めるしかない。
「変わらないで」と祈りながら。

## Day 22

初めて会った日、初めて言葉を交わした日。
初めて好きだと思った日、初めて喧嘩した日。
嫌いと思った日、仲直りした日。
すべての初めてが思い出に変わっても
変わらない気持ちでいて欲しい。
「懐かしい」と何年、何十年後も笑い合える二人がいい。

7章

# 失恋

Broken

Just being alone I miss you

## Broken 1

恋が終わっても想いは残るもの。
その想いが深いほど忘れることは難しい。
その想いの全てが自分だったから。

## Broken 2

中途半端な関係は余計傷つくだけだから
いっそ全て投げ出せばいいのに
わずかでも繋がっていたいと思ってしまって
また近くに行こうとする。
心が離れたがらなくて。

## Broken 3

離れた手が冷たくて
失うということがなにか分かった気がする。
いつもあたりまえにあったぬくもりさえ
いつか思い出に変わると思うと切なくて、苦しい。
もう一度、そのぬくもりを思い出したくて
ひとりポケットに手を入れても、
心まであたたかくなりはしないのに。

Broken 4

自分の好きな相手が
同じように自分を好きになってくれるとは限らない。
振り向いてさえくれないかもしれない。
それでもいいと、その人しかいないって、
そう思えたら、たとえ一方的な気持ちでも本物で、尊いと思う。

またひとつ恋が終わるたび
誰かと出逢うことに怯えるけれど
たとえ傷ついたとしても、自分の心に従えば
愛しい人の近くで愛されたい。

Broken 6

優しい記憶に触れたら、また泣いてしまいそうだから
溢れそうな感情にまた蓋をする。
そうやって自分をごまかしても余計つらいだけ。
過去の自分に逃げずに向き合えたなら
少し強くなれるかもしれない。

## Broken 7

明日が来ることが怖かった。
目が覚めてしまうのが怖かった。
この別れが本当なんだと思い知らされるから。
冷たい枕に身をまかせれば、
あたたかく切ない涙の匂いがする。

## Broken 8

つらい出来事が続くと、
歩くことさえしんどいから
少し立ち止まってもいいと思う。
立ち止まって気付く景色や、
自分自身が見えることがあって、
どれだけ無理をしていたのか分かることがある。
一歩先に進むことよりも
立ち止まって見つめることも大切なこと。

## Broken 9

大事にされない恋ならやめてしまおう。
大切にされない恋ならやめてしまおう。
苦しいだけの恋ならやめてしまおう。
傷付くだけの恋ならやめてしまおう。

嫌いになれたら楽なのに
嫌いになれないから苦しいのだと思う。
想いが残ることが未練というならば
それは悪いことじゃなく、今も好きならば当然のこと。
うまく切り替えられるほど
簡単な気持ちじゃなかったから。

Broken 11

嫉妬や愛情のとてもシンプルな感情ほど真実で、
嘘がなく、自分そのもの。
だから簡単に言えない。
伝えられない。

## Broken 12

一度曇った心はすぐ晴れてくれない。

そんな時は思いっきり泣いて吐き出していい。

行き場がなくなった感情は胸にためず表に出す方がいい。

それは全部自分の為だから全然かっこ悪いことじゃない。

## Broken 13

「もう一度やり直せたら」「もう一度あの頃に戻れたら」

どれだけ悔やんでも過去には戻れない。

鮮明に愛しさがまだ残っていて、
心はどこにも行けない。

次に進むにはまだ好きで、思い出にまだ出来ない。

## Broken 14

決めたのは自分で、そこから立ち直るのも自分
諦めるのも自分だし、諦めないのも自分。
周りは励ましてくれたり、そばにいて応援もしてくれる。
でも結局、最後は自分。

Broken 15

余裕がない時は人に優しくなんて難しい。
だから自分のことで精一杯な時は
誰かに優しくする前に自分に優しく出来たらいい。
わずかな優しさを自分の為にとっておきたい。
人に優しくするのは少し自分に余裕が出来てからでいい。

Broken 16

心を縛って繋ぎとめても
相手に気持ちが残っていないとなにひとつ満たされない。
本当に好きだから
自由にさせることも、手放すことも愛と知った。

Broken 17

思い出が鮮やかで消えてくれないなら
その想いを抱えていくしかない。
繰り返し想った「愛しい」は簡単に消えてくれない。
思い出にするには「今でも好き」がまだ生きてる。

## Broken 18

「もっと大事に出来たのに」って後悔は
いつも失ってから思ってしまうから、
本当はもっともっとずっと
最初から大事にしなくちゃいけないものなんだ。

## Broken 19

ずっと変わらず好きでいられたら
どれだけいいだろう。
つまらない嫉妬や不安を持たずに
ただ好きでいられたらどれだけいいだろう。
疑うこともせず、
真っすぐな想いを持てたらどれだけいいだろう。

## Broken 20

今「苦しいな」と感じているなら、
その物事に対し真剣に向き合っている証拠で、
逃げ出せば楽なのにそうしないのは
自分の中ではどうでもいいことじゃないから。
そして良い結果としていつも残るものは
「苦しいな、しんどい」を通って来たもの。

本当に好きだから手放す恋もある。
「幸せに」と思う気持ちと
誰よりも好きな人の幸せの一部でいたかった思いが
胸に静かに残って消えてくれない。
本当に好きだったから
本当に好きだから。

## Broken 22

嫌なことを忘れる為に時間は優しく流れるのだから、
ずっとずっと引きずって落ち込むのはもったいない。
凹んだり落ち込むこともあるけれど切り替える強さが欲しい。
楽しいことばかりじゃないけど嫌な記憶は忘れてしまっていい。

## Broken 23

自分で作った不安を、自分で広げて
今ある大事なものを大事に出来ないことは悲しい。
これから先の不安に怯えるより
目の前にある大事なものをもっと大事に出来たらいい。
大切なものはいつも自分の近くにある。

Broken 24

失ったものばかり眺めても悲しいだけ。
二度と戻らないものを思い出しても苦しいだけ。
どれだけ後悔しても、あの頃には戻れない。
それを分かっていても記憶に触れてしまう。
誰より好きだったから。

まだ好きだから
まだ想いが残っているから
愛しさがまだ生きていて、この気持ち
なかったことになんて出来ない。

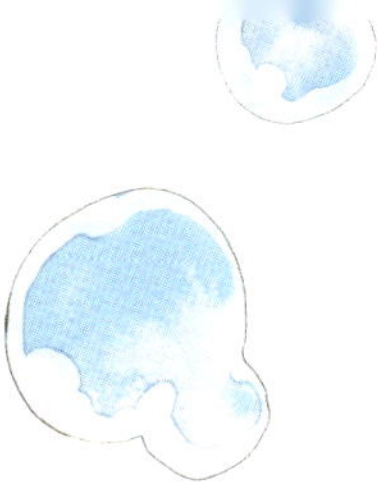

終わった恋に向き合えなくて、ただひとり、
自分だけ取り残されたような気がして
泣いて泣いて前も見えない。
悲しみを抱いて眠ることで
切なさを夜に溶かそう。

Broken 26

傷ついても何でもないフリをするのは強さではなく、
ただ取り繕っているだけ。
本当の強さはその傷と向き合うこと。
なかったことに自分でしたくない。
自分の傷と向き合えるのは自分だけ。
何度思い出して、泣いても
向き合えた自分がいたなら少しでも強くなれる。

Broken 27

「好きにならなければ良かった」
なんて言うとその時の自分を否定しそうだから
自分が一度好きになった相手は想い続けたい。
たとえダメになっても
「好きになって良かった」と言える自分でいたい。

## Broken 28

自分が「忘れたくないな」と思うなら
ずっと忘れなくたっていい。
忘れたくないと思うことは
それだけ大事にしていたものだから。
忘れたくないなと思ったら
忘れてしまうまでずっと大切にしたらいい。

## Broken 29

今はまだ、強くなることがなにかなんて分からなくて、
自分の幸せの場所を見つけられなくても
繰り返す毎日の中で自分なりの幸せを探せたらいい。
少しでも笑っていたいなら、
人を大切にするように自分も大事に思いたい。
幸せがなにか分かりますように。
誰かの幸せになれるように。

Broken 30

悲しい別れがあっても全力だった自分を褒めていいと思う。
すぐ立ち直れないならそれだけ本気だった想いだから。
最後まで自分の全部で人を想えた自分を誇りに思えばいい。
その心があれば、また誰か必ず人を好きになる。

8章

# 別れても
# 好きな人

Believe 1

笑ってさよならなんて出来ない。
綺麗にさよならなんて出来ない。
そこにいるのはあまりにも情けない自分。
泣いて泣いて前すら見えない。
失うということは自分の一部がなくなるということ。
それだけ本気で、真剣で好きになった人だから。

Believe 2

気持ちが離れてしまった恋ならば諦められるのに
今も変わらない気持ちだから、隣にいないことがつらい。
すぐ次に進めなくて
優しい思い出ばかり繰り返し思い出す。

Believe 3

苦しいだけの関係なら離れてしまおう。
身を削ってまで得る幸せはない。
愛情が執着に変わる前に手放してしまおう。
前に進む勇気が欲しい。

Believe 4

いつか許すことが出来るかな。
離れた相手と、離してしまった自分を。
いつか許すことが出来たらいい。
もう戻らない相手と、ひたすら泣いていた自分を。

たとえダメになった恋でも
「好きになって良かった」と
いつまでも思いたい。

Believe 6

大人になれば傷つかないことはなく、
ただ傷つくことに慣れてしまったり
回避する術がただうまくなっただけで、
子供の頃と変わりなく泣きたくなるほど傷つく。
その傷と向き合うことが出来たなら
もう少し強くなれるのかもしれない。

Believe 7

目を閉じれば昨日のようにその風景がよみがえる。
そこにあった空気や、言葉、手のぬくもり。
横顔や、笑った顔や困った顔。
どの風景も鮮明で、手を伸ばせば触れられそうなほど
「忘れたくない」と強く思っていたから。

Believe 8

時間が経ってやっと気付くこともあって
「あの時」って少し後悔する時もあるけれど、
きっとそれに気付けるのは、
その時間があって成長出来た自分がいるからだと思う。
だからずっと後悔しなくていい。
その時の自分を認めてあげたい。
そしてこれからに繋げられたらいい。

この別れが本当に良かったかなんて分からない。
多分、いい別れなどなくて
別れは別れでしかなく、結局どちらも傷が残る。
さよならの後で愛しさが残ってしまう時がある。
傷より愛しさが残る恋は切ない。

Believe 10

今さら後悔しても仕方ないと分かっていても
いくつもの「もし」が胸をよぎって離れない。
繋いでいたものを失うことは自分を失うようで
なくしたその場所をただ眺めることしか出来なかった。

Believe 11

思い出さないように努めても、
また優しい記憶ばかりに触れてしまって
いつまでも前に進めない。
寂しさより愛しい気持ちが勝ってしまうから
いつまでも忘れられない。
それは多分、「これが最後」と本気で好きになったから。

Believe 12

いつまでも忘れることなど出来ない
どうしようもない愛しさの中で
あなたを思い出さない日など一日もない。

「多分」じゃなく「確かなもの」が欲しい。
「言葉」だけじゃなく「約束」が欲しい。
「叶わない夢」じゃなく「安心」が欲しい。
「偽り」じゃなく「本物」が欲しい。
「優しい嘘」じゃなく「本当の気持ち」が欲しい。
「誰でも」じゃなく「自分だけのもの」が欲しい。

Believe 14

誰かを好きになるのは簡単だけれど
想いが深くなるほど忘れることは難しく、
すぐに思い出に変わってくれない。
「もういい」と簡単に捨てられる想いじゃないから苦しい。
大事なものほど捨てることなど出来ない。

Believe 15

自分の気持ちを過去のものにするには
自分の中でケジメをつけなくてはいけない。
どこかまだ引きずっていたり、
気持ちが残っているなら過去にならない。
それは悪いことじゃないけれど、
大切なものは「今」で、前に進むには
今の自分がどうするかだと思う。

Believe 16

時に自分のしていることが正しいのか自信がなくなったり、
迷ったり、人と比べたり落ち込むこともあるけれど
自分で「大丈夫、大丈夫」って言ってあげたい。
悲観することはあっても自分を否定することはしたくない。
誰よりも最初に自分を認めてあげたい。

Believe 17

大事なものを失っても、それを忘れる必要はなくて、
また、忘れることなど出来ないから
変わらず大事にすればいい。
その想いがいつか思い出に変わる時に、
大事なものをずっと大事に出来た自分を誇りに思えばいい。

ふとした瞬間に思い出して
泣いてしまうほどの記憶が胸をよぎるから
「まだ全然好きじゃん」て自分の気持ちに改めて気付く。

## Believe 19

どこに行っても記憶のかけらが落ちていて、
そのたび、愛しさが溢れてしまう。
どれだけ好きだったか、
どれだけまだ好きか改めて知る。
繰り返す日常の中にいつも忘れられない人がいる。

## Believe 20

たとえ、それが未練だとしても
「なかったこと」にしたくない。
その日その時、もらった言葉や
二人の時間は本物だったと思いたい。
切なさが残ったとしても忘れたくない想いがある。

Believe 21

どれだけ追いかけても離れてしまう人は離れてしまう。
執着して求め続けても心はただ苦しいだけ。
喧嘩をしても、少しの間遠くに行っても、
変わらずまた戻って来る人は戻って来る。
追いかけて追いかけて見失う人より、
変わらず近くにいてくれる人を大事に出来たらいい。

Believe 22

思い出がまだあたたかくて、胸から消えてくれない。
情けないほどまだ好きだから
忘れて心から笑えるその日まで
もう少しだけ好きでいさせて欲しい。

9章

# もう二度と会えない

Eternal

## Eternal 1

つよがりじゃなく、素直になればよかった。
嘘じゃなく、本音を言えばよかった。
黙っているより、言葉にすればよかった。
「もういい」じゃなく、「ごめんね」と言えばよかった。
「さよなら」じゃなく、「ありがとう」と言えばよかった。

## Eternal 2

声が聞きたいと思って電話したあの頃。
「会いたい」と思って駆け出したあの頃。
今はもう会うこともないけれど、
本当に好きだったと今でも思い出す。
色褪せた過去の中で
ただひたすら真剣だった時間たちが
今でも光のように眩しく輝いている。

Eternal 3

「ありがとう」を気恥ずかしさや照れで言えなかったり、
いつでも言えるからと思っていても、
急に会えなくなったり二度と会えないこともあったりして
「あの時ちゃんと言えば良かった」と後悔する時がある。
「ありがとう」ぐらい思った時に素直に言いたい。

自分で決めたことだから
後悔はないはずなのに
時々優しい風のようにふと
記憶がよみがえるから
まだうまく心がさよならをしてくれない。
正直だった「好き」の気持ちが
まだ生きていて、過去に変わってくれない。

## Eternal 5

嫌いになった訳じゃなく
会いたくなくなった訳じゃない。
ただどうにもならないこともあって、
手を離してしまわなければいけないことがある。
とても切ないけれど
誰より大切な人で、誰より好きな人だから。

## Eternal 6

現実ではもう会うことすら許されないから、
せめて夢の中だけでもと目を閉じても
優しい思い出ばかりがよみがえる。
手を伸ばしても触れられないなら、
今は遠ざかる愛しい記憶に触れていたい。

Eternal 7

全部全部捨ててしまえたらいいのにと、
ひとつひとつ思い出を振り返れば
やっぱり泣いてしまうほど好きだった自分がいる。
正直な心は時に残酷で
嘘などついてくれないから。

切なさに身をひたせば
思い出す優しい記憶ばかりで
二度と戻らないその時間を
これからも思い出して愛しく抱き締める。
あの時の二人、全部好きでした。

## Eternal 9

夢で会いたいと願ってしまって、
一日の終わりにまた胸を焦がす。
会うことも触れることも叶わないなら
せめて、夢の中で会いたい。
泣いて泣いて目が覚めて、
思い出と一緒に過去を抱き締める。

## Eternal 10

思い出が色褪せることなく、
ずっとそばにいるなら最後まで抱えてしまおう。
また新しく誰かを好きになっても
その時の自分は否定しなくていい。
一生懸命だった自分、真剣だった自分、
本気だった自分がいたから今の自分がいる。

*Eternal 11*

つらいことが続いても、
いつかこの景色も晴れてくると思わないと救われない。
たとえ深く沈んだとしても明るいものを求めたい。
現状の悪さを誰かのせいにするのは簡単だけれど、
環境を変えていくのは自分で、
それは自分自身が一番よく分かっている。
明るい場所は自分で作るしかない。

いつかこの気持ちも思い出に変わると思うと切ないけれど
深く想えた気持ちは本物でかけがえないもの。
忘れることなど出来ないから抱えて生きるしかない。
誰より愛しくて、 哀しいほど好きな人。

「お互いの為に会わない方が幸せ」なんて
あなたに会うこと以外の幸せなどないのに。

## Eternal 14

付き合う長さに関係なく
ただひとりを深く愛せたことが自分の誇りで、
別れが必要なのは分かっているけれど
切なさが勝ってしまう。
今はただ泣くことで今日の日を生きていくしかない。

## Eternal 15

切れてしまった糸はもう繋がらないと分かっているのに
まだ追いかけて見失っている。
会えないことよりも、二人の糸が見えなくなったことがただ悲しい。
泣いて泣いて泣いても、過去にはもう戻れない。

相手の幸せを願えるほど
今は強くなれないけれど、
いつか心から「幸せに」と
相手を思いやれたらいい。

### Eternal 17

いつか予定のない週末に慣れてしまうのかな。
隣にいることがあたりまえだったから、
ひとり歩くことすら慣れない自分がいる。
今はまだ目を閉じて、優しい思い出たちに
会いに行くことしか出来ない。

### Eternal 18

たとえ相手に好きになってもらえなくても、
自分のその気持ちをなかったことなんてしなくていい。
誰かを好きになることはもっと自由で、理由なんていらない。
「ただ好きなだけ」で十分に素敵なことだから。

### Eternal 19

今日笑う為に昨日あった嫌なことは忘れてしまおう。
夜が朝に変わるように自分の気持ちも切り替えられたらいい。
同じ一日なら笑って過ごす一日がいい。

## Eternal 20

誰かを失っても、また人を好きになる強さがあるから大丈夫。
今はまだ、そう思えなくても
大事にしたいと思える人は必ずこれからもいて、
それまで自分を大事に出来たらいい。
なにかを失っても、
人を好きになる心を失わなければ
また大切にしたいと思える人ときっと繋がることが出来る。

## Eternal 21

たとえ悲しい別れや裏切りがあっても
「自分が悪い」と責めたりしなくていい。
離れてしまう人は離れてしまう。
けれどいつか大事にしてくれる人は必ずいて、
それまで自分を大事に出来たらいい。
新しい出逢いに怯えないで
心から笑えたら強くなった自分がいる。

Eternal 22

沢山恋をしても忘れることはない。
その時の真剣さを、
その時の言葉や、優しさを。
忘れたくないと思っていたから
忘れることはない。
たとえ、また、違う人を好きになっても。

最終章

# 新たな一歩を

Wish

Just being alone I miss you

「さようなら」と口にすれば
その瞬間から思い出になりそうで
思い出にしたくなくて、言葉にするのをためらった。
相手の手を離す最後の時になりそうで
言葉に出来なかった。

Wish 2

「なんでこんなに好きなんだろう？」
って思うけれど、
答えは「あなただから」しかなかった。

Wish 3

今、恋が終わって、離れてしまって、
その優しさにやっと気が付いた。
簡単に次に進める恋じゃないから
今はまだその優しさを思い出すことしか出来ない。
季節が変わっても、なにひとつ変わらぬ愛しい人。

Wish 4

嫌いになどなれないから
ずっとこれからも想い続ける。
また新しい誰かと出逢っても
宝物はずっと宝物。

Wish 5

ひとつひとつの記憶が
いつか思い出に変わっても、悲しいことばかりじゃなく
自分を成長させてくれた思い出に変わることもある。
悲しみやつらさも全部自分の為にあったのだと思えたら
強くなれた証拠。

Wish 6

孤独や悲しみを抱えて生きていく力を
誰もが持っていて、
つらい過去もいつか思い出に変えられる。
楽しいことばかりじゃないけれど
「大丈夫」と自分で言い聞かせることで
新しい自分や道がきっと見つかる。

Wish 7

果たせなかった約束を悔やむより
これからの自分を見つめていたい。
今を変えられるのは自分しかいなくて
ずっと過去を振り返っても
切なさと寂しさに負けるだけ。

## Wish 8

ひとりよりも二人で笑っていたかった。
ひとりよりも二人で泣いていたかった。
頑張ることも、励まし合うのも
ずっと二人が良かった。
今は遠い人を、帰らない過去を
懐かしむ余裕はないけれど
ひとりで生きていく強さをもらったから
また明日、前を向いて歩いて行ける。

## Wish 9

深く落ち込んでしまった時は
すべてに自信がなくなってしまう。
そんな時にそばにいてくれて
大丈夫と言ってくれる人がいたらいい。
優しい灯りのような心で
肯定してくれる人がいたらいい。
その人の言葉でまた歩けそう。

## Wish 10

誰が悪いとかじゃなく
誰も悪くないから、
この恋の終わりを誰も責めたりしない。
相手を許して、自分も許そう。
さよならからまた始めよう。

Wish 11

沢山いろんなものを捨ててきてしまったから
これから出逢う人、そして自分を
もっと大事にしようって思える。
それを簡単に失わないように。

## Wish 12

あたりまえじゃなかったんだって
なんでもっと大事に出来なかったんだろうって
悔やんで涙しても、もう元には戻らない。
いつかまた、人を好きになれたら
それを忘れないように大事にしたい。

*Wish 13*

捨てられない想いなら
ずっと大事にすればいい。
人を想うことは自分の全部を捧げること。
なくしたくない想いや、
忘れたくない気持ちは
ずっと胸に抱えていい。
優しく灯る明かりを自ら消す必要はない。

*Wish 14*

本当にいつか笑って話せたら
「思い出」に変わるのかもしれない。
今はまだ、なにひとつ過去に出来ないから
まだ生きているこの想いを抱き締めるしかない。

Wish 15

いつか我慢して飲み込んだ言葉を言えたらいい。
本当の気持ちはなかなか言葉に出来ない。
嫌われてしまうより我慢する方を選んでしまう。
本音を言うには覚悟がいる。
いつかその覚悟と向き合えたらいい。
本当に大切な人はその覚悟と共にある。

## Wish 16

素直に泣いていいと教えてくれたから、
ちゃんと笑うことを教えてくれたから、
今、こうやって本当の自分を知ることが出来た。
「ありがとう」はもう届かないけれど
変わることなく、かけがえない人。

Wish 17

大切なものを見つけると、
また失いそうで深く繋がることを避けようとする。
傷つくこと、傷つけることに怯えるけれど
本当はずっと近くにいて欲しい。
寂しさだけじゃなく、
本当に必要と思う心に正直でありたい。
たとえ傷ついたとしても、
人を好きになることを忘れずにいたい。

Wish 18

自分の好きな人が笑ってくれる。
それだけで頑張れる力になる。
自分よりも大切なものを見つけたなら
それをなくさないように
ずっと大切にしなくてはいけない。

## Wish 19

悩んで悩んで
「本当にこれで良かったのか」と思う時でも
自分の出した答えに自信を持っていいと思う。
たとえ結果がダメだったとしても
またそこからやり直せる。
自分が考えて決めたこと、
そこに価値がある。

## Wish 20

今この気持ちがたとえ過去になっても
変わらず真っすぐ好きでいられた自分を思い出して前を向ける。
初めて自分で見つけて、
初めて自分で決めて、
初めて心から好きになった人だから。

## Wish 21

過去はいつも美しく、
優しい記憶だけ呼び起こす。
ふとした瞬間に切なさが
波のように押し寄せても
今こうして立っている自分を誇りに思おう。
涙した時間もこれからの自分の支えになる。

幸せになりたいと思って、好きになって、
幸せになりたいと思って、横にいる。
変わっていくものと
変わらないもの。
そのどちらも愛しく愛せたらいい。
めぐる季節の中、
大切な人が変わらずそばにいたらいい。

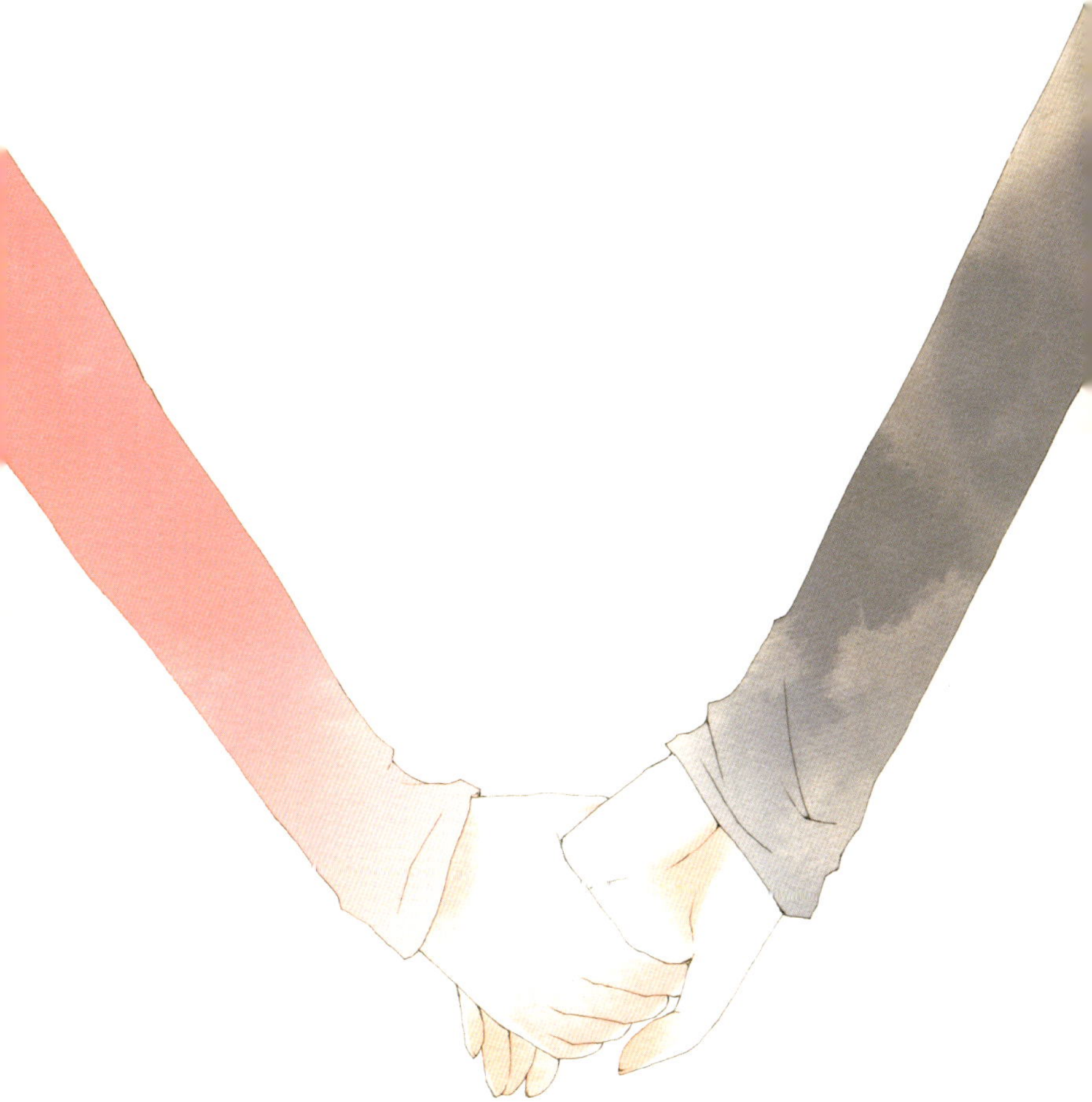

Wish 23

前向きがいいと分かっているけれど、
心落ち込んだ時はすぐに前向きになんてなれない。
どんな励ましの言葉もすぐ胸には届かない。
だから前向きになる準備をする。
好きなことをしてみる。
好きな人たちに会う。
忘れていた心がそこにある。

## Wish 24

自分が幸せと思ったことを大切にしたらいい。
まわりを見渡せば、
そこにはいつも大切にしたい人がいて幸せをくれる。
その幸せを大事にしたらいい。
なくさないように、忘れないように
ぎゅっとしたらいい。

## Wish 25

自分で決めたことなら後悔はないはずなのに
振り返れば
切なさだけがぼんやりと残って
「これでいいの？」と繰り返し
「これでいい」と自分に言い聞かせる。
前を向いて歩くことがつらいなら立ち止まればいい。
ホッと一息、目を閉じる。
そしてまた自分の歩幅で歩き出す。

## Wish 26

ひとりでも生きていけるけれど
大切な誰かと一緒にいる為に
ずっと輝く自分でありたい。
だから泣いたり笑ったりしながら
自分らしい自分を忘れないように
前を向いて歩いていたい。

Wish 27

心から好きなものがあれば、
それだけで生きていける。
先が見えなくなったり、前を向いて歩く意味が
分からなくなって迷ってしまったら
改めて自分の好きなもの、好きな人を見つめたらいい。
そこにひとつの優しい灯りがあって、
意味がちゃんとそこにあるから。

## Wish 28

過去の恋に捉われて
誰も好きになれないのは悲しい。
もう同じ思いをして
傷つきたくない気持ちがあるかもしれないけれど、
過去の誰かと比べても仕方ない。
正直さと、素直な気持ちでまた人を好きになれたら、
また新しい自分が見つかるから。

## Wish 29

頑張ろうという気持ちは
自分ひとりでは難しい時がある。
そんな時、自分の好きな人や
大切な誰かの為に頑張れることがある。
大切な「誰かの為」が
頑張れる「自分の為」になる。

## Wish 30

自分が好きな人は無理矢理作るものじゃなく、
まして寂しいから繋がるものじゃない。
寂しさだけで繋がれば余計寂しさが増すだけ。
本当に自分が必要と思う人がいい。
そしてその相手にも必要とされる自分でありたい。

## Wish 31

想い続けても叶わないこともある。
心を見せても届かない気持ちがある。
報われなくて、伝わらなくて、
落ち込む時も自分の気持ちを誇れるように
真っすぐでいたい。
過去をずっと後悔して誰かを好きになりたくないから。

## Wish 32

過去を振り返った時、ただ懐かしいと思うのではなく、
その時のつらさや嬉しさが今に繋がっていて
今の自分がいると思いたい。
そして、今苦しくて、しんどくても、
その時のつらさを思い出せば乗り越えて頑張れそうな気がする。

## Wish 33

毎日つらいことが多くても、
自分の好きなものや好きな人がいることで光になる。
それがほんの僅かな光でもその光に救われる。
「ありがとう」って言える人がいることは
本当に恵まれている証拠だ。

Wish 34

たとえ悲しい別れや裏切りがあっても
「自分が悪い」と責めたりしなくていい。
離れてしまう人は離れてしまう。
けれどいつか大事にしてくれる人は必ずいて、
それまで自分を大事に出来たらいい。
新しい出逢いに怯えないで心から笑えたら
強くなった自分がいる。

忘れないで
乗り越える力があることを。
なくさないで
人を好きになる心を。

Wish 36

いっそ忘れてしまえたら楽なのに、
深い想いほど心はまだ残っている。
今はまだ次に進めないけど、
いつかまた本気で人を好きになれたらいい。
「さよなら」は切ないけれど、
新しい自分に会える日がちゃんと来るから。

Wish 37

無理に強くなんてなれない。
だから弱さ引きずったまま
たとえ人に笑われても自分が決めた道を
ただ歩くだけ。
それがどんな道でも自分で決めたなら
後悔はない。
小さくても、迷いがない一歩なら
それは自分にとって確かなものだから。

Wish 38

幸せは最初とても気付かないほど小さなもの。
それを少しずつ毎日積み重ねる。
幸せはとても些細なもので、
それを見逃さずちゃんと幸せと感じたい。
その積み重ねた幸せの欠片が自分の求めていた形になれば
本当に幸せ。

ひとつの恋を失った時
すべてを失ったように思ってしまうのは
自分の全部でその人を好きになったからだと思う。
そんな自分を誇ろう。
そんな自分を好きになろう。

そしてまた恋をした時、
自分の全部を投げ出せる恋をしたい。
透き通るほど１００％の純粋さで
また人を好きになりたい。

Epilogue

# おわりに

ひとつの恋が終わると、
同じようにもう誰かを好きになんてなれないと思う。
けれどまた知らぬ間に人は恋に落ち、かけがえない人と出逢う。
何度傷ついても、何度同じことを繰り返しても
また誰かを好きになる人の気持ちの純粋さに心惹かれます。
そこに人の本当の強さがあるように思います。

真剣に人を好きになるその尊さを、この本を読んで頂けた人に
少しでも伝えることが出来たならなにより嬉しく思います。

最後に、この本を作るにあたり、お力添えを頂いたスタッフの皆様、
繊細な線と、優しくあたたかい色彩でイラストを描いてくださった
中原青餅さん、
そして、この本を手に取り最後まで読んでくださった皆様に
心より深く感謝致します。
ありがとうございます。

katuka

Profile

## カフカ
イラストレーター

石川県出身。Twitterでの優しいつぶやきが、フォロワー13万人の心をあたため、初の著書『だから、そばにいて』(小社刊)が10万部を越えるベストセラーに。


カバーデザイン　佐藤亜沙美
本文デザイン　守谷めぐみ(サトウサンカイ)
イラスト　中原青餅／シュガー
校正　玄冬書林
プリンティングディレクター　甲州博行(美松堂)
編集　八代真依(ワニブックス)

# ただそれだけで、恋しくて。

2017年2月14日　初版発行

著者　カフカ
発行者　横内正昭
編集人　青柳有紀
発行所　株式会社ワニブックス
〒150-8482
東京都渋谷区恵比寿4-4-9 えびす大黒ビル
電話　03-5449-2711(代表)
　　　03-5449-2716(編集部)
ワニブックスHP　http://www.wani.co.jp/
WANI BOOKOUT　http://www.wanibookout.com/
印刷所　美松堂
製本所　ナショナル製本



ISBN 978-4-8470-9536-8